En busca de las figuras

Figuras bidimensionales

Suzanne Barchers

Créditos

Dona Herweck Rice, *Gerente de redacción*; Lee Aucoin, *Directora creativa*; Don Tran, *Gerente de diseño y producción;* Sara Johnson, *Editora superior*; Evelyn Garcia, *Editora asociada;* Neri Garcia, *Composición*; Stephanie Reid, *Investigadora de fotos*; Rachelle Cracchiolo, M.A.Ed., *Editora comercial*

Créditos de las imágenes

Teacher Created Materials

5301 Oceanus Drive
Huntington Beach, CA 92649-1030
http://www.tcmpub.com

ISBN 978-1-4333-2729-2

Tabla de contenido

En busca de las figuras

Ves figuras todos los días.
Algunas incluso están en tu calle.

rectángulo

círculo

triángulo

Hay figuras en todo el mundo.
¡Pueden estar en lugares
sorprendentes! Salgamos a
buscar algunas. ¡Prepara tu
maleta!

¿Qué forma
tiene tu maleta?

Círculos en París

En un museo de París podrás ver dos grandes relojes. Algunos relojes son pequeños y simples. Pero estos relojes son enormes. Uno es muy elaborado. Ambos tienen forma de **círculo**.

Exploremos las matemáticas

Es posible encontrar círculos dentro de los círculos. En esta fotografía se muestra un reloj grande.

¿Cuántos círculos puedes hallar?

Antes, esta gran rueda de la
fortuna estaba en París.
¡Era un círculo muy grande!

Visita el circo de París. Tal vez veas un tigre saltar a través de un anillo de fuego. El anillo es un círculo.

Conduce por la ciudad. Hay un lugar especial en el que conducirás en un gran círculo.

Triángulos en Hong Kong

Vuela hasta el aeropuerto de Hong Kong. Verás muchos **triángulos** en el techo. Ayudan a soportar el edificio.

Un triángulo es una figura plana que tiene 3 lados y 3 esquinas. Otra palabra que se usa para las esquinas de las figuras es vértice.

Este juego con forma de **domo** parece la mitad de un balón. Está hecho con muchos triángulos.

Estos triángulos se ven diferentes.

a. ¿Cuántos lados tiene el triángulo 1?

b. ¿Cuántos lados tiene el triángulo 2?

c. ¿Cuántos lados tiene el triángulo 3?

d. ¿Qué tienen en común los tres?

e. ¿Qué triángulo se parece más a los que forman el domo?

Da un paseo en automóvil y verás aun más triángulos. Mira este cartel y este banco.

Para divertirte, puedes jugar a las damas chinas. ¿Ves los triángulos? ¡También puedes comer un bocado con forma de triángulo!

Las figuras planas se llaman figuras bidimensionales. La palabra **dimensión** significa qué tan larga, ancha y alta es una figura.

Rectángulos en Chicago

En Chicago hay edificios famosos.
Tienen muchos **rectángulos**.

Los rectángulos tienen 2 pares de lados iguales y **paralelos**.
También tienen 4 esquinas.

Puedes ver los edificios, visitarlos o ir de compras en ellos. La torre Sears es uno de los edificios más altos del mundo. ¿Ves algunos rectángulos?

Camina por la ciudad.
Es probable que veas
una **escultura** como
ésta. Tiene muchos
rectángulos.

Exploremos las matemáticas

Puedes parar en una tienda de dulces
en Chicago y elegir un chocolate.

Elige un chocolate de la fotografía.
¿Qué forma tiene?

Da un paseo por un rectángulo largo.
Es el muelle Navy. El muelle está sobre
un lago. Tiene restaurantes, tiendas y
museos. También puedes subir a las
atracciones.

Cuadrados en Melbourne

Si vuelas a Melbourne, mira hacia abajo. Es probable que veas el estadio Myers Music Bowl. El techo está hecho con cuadrados.

Los cuadrados tienen 4 esquinas y 4 lados iguales.

Recorre el centro de Melbourne.
Verás muchas ventanas cuadradas.

¡Ten cuidado si vas al campo!
Podrías ver un canguro cruzando la
carretera.

Este letrero es un cuadrado. Se ve diferente porque está girado.

xploremos las matemáticas

¿Cuántos cuadrados puedes identificar?

De regreso a casa

No es necesario que te alejes tanto para encontrar figuras. ¿Juegas al fútbol o al tenis? ¡Entonces lo haces dentro de un rectángulo!

También puedes jugar a las canicas dentro de un círculo pequeño.

En un juego de damas hay varios cuadrados y círculos. Los bolos del juego forman un triángulo.

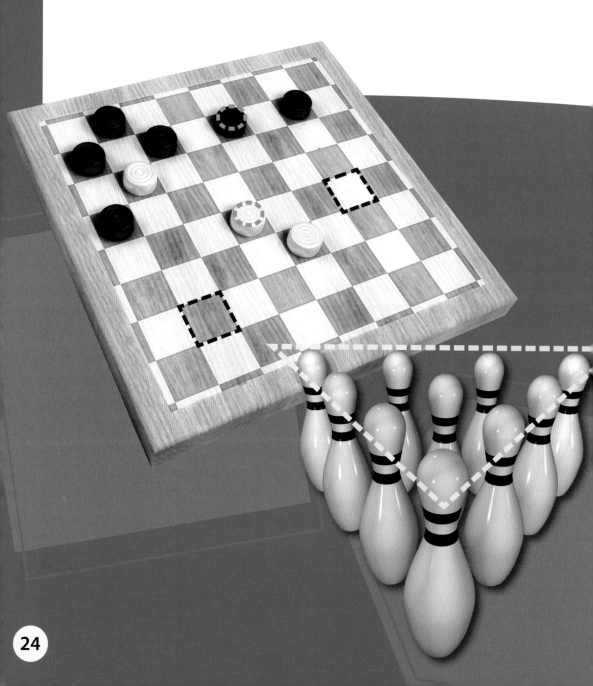

Puedes atrapar un círculo en vuelo. ¡Hasta los perros disfrutan de este juego!

Es posible que en tu ciudad haya alguna gran escultura formada por figuras. Las figuras también pueden ser arte para una pared.

Mira hacia arriba. Mira hacia abajo. ¡Encontrarás figuras por todos lados!

Contemos las figuras

Una artista quiere formar el siguiente diseño. Usará baldosas. El diseño será parte del piso de un museo.

a. ¿Cuántas baldosas triangulares necesitará?

b. ¿Cuántas baldosas cuadradas necesitará?

c. ¿Cuántas baldosas necesitará en total?

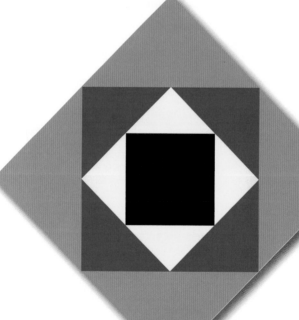

¡Resuélvelo!

Sigue estos pasos para resolver el problema.

Paso 1: Observa el diseño. Cuenta todas las baldosas triangulares que encuentres.

Paso 2: Observa el diseño. Cuenta todas las baldosas cuadradas que encuentres.

Paso 3: Suma la cantidad de baldosas cuadradas y triangulares. El resultado representa la cantidad de baldosas que el artista necesitará en total.

Glosario

círculo—figura plana y redonda

cuadrado—figura plana que tiene 4 esquinas y 4 lados iguales

dimensión—largo, altura y anchura de una figura

domo—parte superior o techo de forma redonda que parece la mitad de un balón

escultura—obra de arte de metal, piedra o madera

paralelos—líneas que están a la misma distancia y nunca se unen

rectángulo—figura plana que tiene 4 esquinas y 2 pares de lados iguales y paralelos

triángulo—figura plana que tiene 3 lados y 3 esquinas

Índice

Exploremos las matemáticas

Página 6:
Las respuestas pueden variar.

Página 11:
a. 3 lados
b. 3 lados
c. 3 lados
d. Todos tienen 3 lados.
e. el triángulo 1

Página 16:
Las respuestas pueden variar.

Página 21:
2 cuadrados

Resuelve el problema
a. 12 baldosas triangulares
b. 1 baldosa cuadrada
c. 13 baldosas